Ilka Scheidgen

Schloss Altgolßen

Ilka Scheidgen

Schloss Altgoßen

Porträt eines privaten Herrenhauses

Bibliografische Information der Deutschen Nationalbibliothek: Die Deutsche Nationalbibliothek verzeichnet diese Publikation in der Deutschen Nationalbibliografie; detaillierte bibliografische Daten sind im Internet über http://dnb.dnb.de abrufbar.

TWENTYSIX – Der Self-Publishing-Verlag
Eine Kooperation zwischen der Verlagsgruppe Random House und BoD – Books on Demand

© 2017 Ilka Scheidgen für Text und Fotos (mit Ausnahme der im Quellenverzeichnis genannten)

© 2017 Ilka Scheidgen für das Coverfoto

Herstellung und Verlag:

BoD – Books on Demand, Norderstedt
ISBN: 978-3-740-73111-3

Inhalt

Einleitung	7
Geschichte von Altgolßen	9
Das Schloss in seiner äußeren Gestalt	31
Das Innere des Schlosses	51
Die Parkanlage	84
Künstlerische Einordnung	96
Quellenverzeichnis	98

Einleitung

Über das Schloss Altgolßen existiert bisher noch keine eigenständige Publikation, im Gegensatz zum Schloss Golßen. Wenngleich Schloss Golßen von ungleich höherem Denkmalwert ist, sich aber derzeit in einem bedauernswerten äußeren Zustand befindet, so ist es auch wert, Altgolßen an Hand der Denkmalschutzbewertung durch das Brandenburgische Landesamt für Denkmalpflege und Archäologisches Landesmuseum einer interessierten Leserschaft zugänglich zu machen.

Auf Grund eigener Nachforschungen am Brandenburgischen Landeshauptarchiv in Potsdam konnte ich etliche Unterlagen über die Geschichte des Rittergutes Altgolßen ausfindig machen und einsehen. So befinden sich dort unter anderem 22 Prozessakten, angefangen im Jahre 1832-34 bis in das Jahr 1842 wegen verschiedener Streitigkeiten zwischen Gutsbesitzern und der Gemeinde, sowie zwischen Gutsbesitzern und deren Pächtern.

Besonders beeindruckend ist eine etwa 1,50 x 2,00 große „Karte der Feldmark im Luckauer Kreise". Diese Karte ist auf Leinen farbig gemalt und stellt eine amtliche Vermessungskarte aus dem Jahre 1835/36 dar, wie auf der Karte handschriftlich signiert „vermessen im Jahre 1835/36 durch F. Giese Königl. Regierungs Geometer, Copiert im Jahre 1846".

Leider ist es nicht gestattet, diese Karte zu fotografieren, und auch nicht möglich, davon eine Ausfertigung zu erhalten.

Auf dieser Karte existiert im Bereich des heutigen Schlosses keine Gebäudeeinzeichnung.

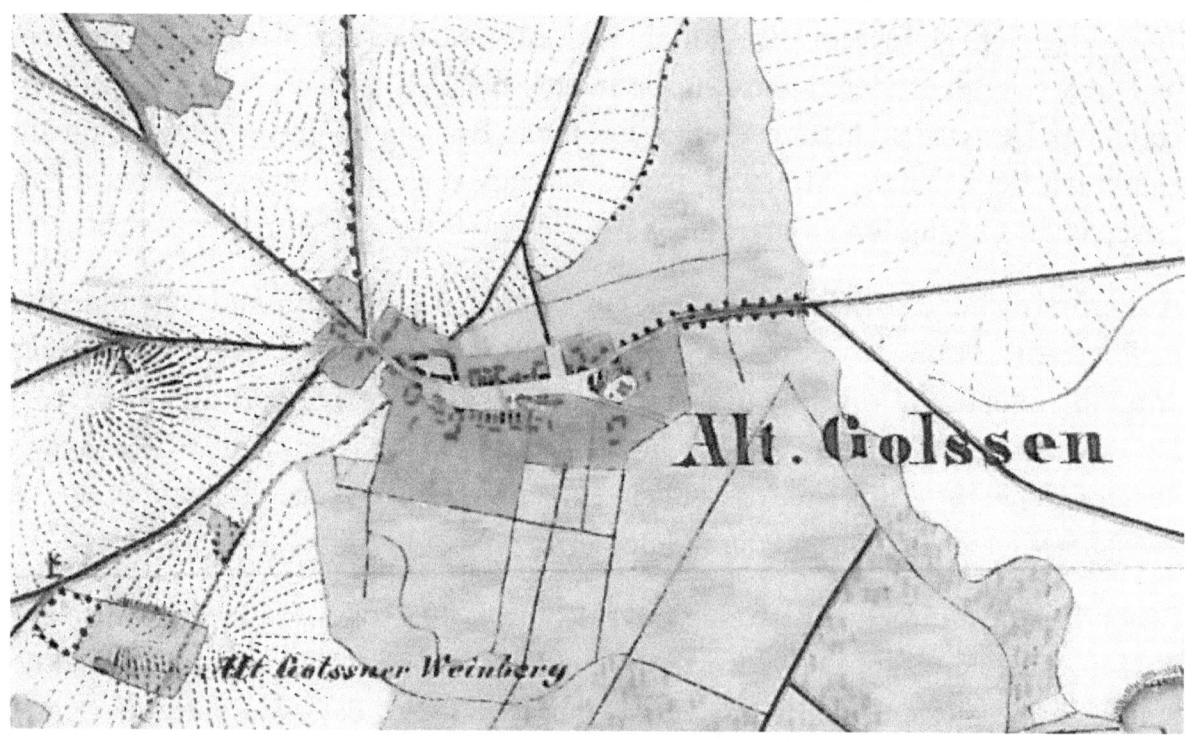

Das obige Urmesstischblatt von 1847 entspricht in etwa jener alten Karte.

Geschichte von Altgolßen

Altgolßen, das 1971 der Stadt Golßen eingemeindet wurde, liegt im Baruther Urstromtal und an den Ausläufern des Niederen Fläming, südlich von Berlin.

Funde aus der Altsteinzeit (Feuersteinwerkzeuge) im Raum Golßen belegen eine prähistorische Besiedlung der Region. Archäologische Funde aus der Bronzezeit (1700-700 v.Chr.) und der Slawenzeit (400-1200 n.Chr.) existieren auch speziell für Altgolßen. Wie der Name Altgolßen bereits sagt, existierte dieser Ort vor Golßen, welches bis ins 15. Jahrhundert hinein auch Neu-Golßen genannt wurde.

Die Besiedlung der Region begann im 10. Jahrhundert, als Gero von Meissen mit seinen Ritterheeren das von Slawen besiedelte Land eroberte. Auch Altgolßen war wohl ursprünglich eine wendische Siedlung. Die mittelalterliche Kirche von Altgolßen wurde auf einer noch gut erkennbaren Wallanlage errichtet. Auch der Hügel, auf dem sich das heutige Herrenhaus befindet, könnte ein ehemaliger Burgwall gewesen sein.

Die Rittergutsanlage Altgolßen lag ursprünglich am nordwestlichen Ende des historischen Ortskerns. Das Kirchdorf befand sich nachweislich seit dem Beginn des 15. Jahrhunderts u.a. im Besitz der Familie von Knobelsdorf und hatte in der Folge unterschiedliche Eigentümer aus den regional ansässigen Adelsgeschlechtern, wobei diese verschiedene Teile des Dorfes besaßen.

Es ist auch eng mit dem Adelsgeschlecht der von Stutterheim verbunden. Nachweislich gehörten dem Adelsgeschlecht von Stutterheim von der Mitte des 15. bis in das 17. Jahrhundert neben dem Rittergut Alt-Golßen noch 19 weitere Rittergüter (Sellendorf, Hohendorf, Schäcksdorf, Krossen, Drahnsdorf, Liedekahle, Jetzsch, Falkenhain, Zützen, Görsdorf, Landwehr, Prierow, Waldow, Rietzneuendorf, Briesen, Oderin, Sagritz, Pitschen und Krebitz).

Leopold von Ledebur vermerkt in seiner „Geschichtskunde des Preußischen Staates" von 1833 einen Jurge von Stuterheim als Besitzer von golssin (Golßen). Aus einem weiteren Dokument von 1835 (Beiträge für Geschichts- und Alterthumskunde der Nieder-Lausitz von Gallus und Reumann) werden die Gebrüder Georg und Otto von Stutterheim als Rittergutsbesitzer angeführt.

In der Territorialgeschichte der Niederlausitz wird vermerkt: „Von 1492 an sieht man die Stotterheime oder Stutterheime im Besitz von Altgolßen. 1646 trat Nicel v. St. Das Vorwerk im Dorfe, vormals bei der Kirche gelegen, mit einigen Bauerhöfen als Erbforderung an seine verwitwete Stiefschwester Christiane Elisabeth von Schlaberndorf ab, und es entstand nun ein zweites Rittergut hierselbst.(...)1795 gelangte das wieder vereinigte Gut Altgolßen von dem Landkammerrath von Schmidt an den Oberamts-Regierungsrath von Reinsperg (...) und 1830 wurde das Gut von dem gegenwärtigen Besitzer Theodor Heynemann in der Subhastation für 22325 Thlr. erstanden."

Feldsteinkirche in Altgolßen mit Epitaphen aus dem 18. Jahrhundert

Die Dorfkirche von Altgolßen, errichtet aus Feldsteinen auf einem slawischen Ringwall, reicht in ihrer Entstehung wohl ins frühe 14. Jahrhundert zurück und ist somit eine der ältesten Dorfkirchen in der Niederlausitz. Von den ehemaligen Rittergutsbesitzern zeugt auf dem Altgolßener Friedhof ein Ensemble hochwertiger Grabmäler und Grabplatten in barocker bis klassizistischer Ausgestaltung, die erst in jüngerer Zeit (2005 bis 2008) durch eine sorgsame Restaurierung vor dem Verfall gerettet werden konnten.

Das Innere der Kirche weist eine schlichte barocke Ausstattung vor, wobei der holzgeschnitzte Kanzelaltar als ein besonders schönes Beispiel kirchlicher Innen-Gestaltung die gesamte Breite der Apsis einnimmt.

Kaum vorstellbar, dass noch bis zum Jahre 1975 in dieser einfachen Dorfkapelle zwei Kunstwerke von unschätzbarem Wert hingen: zwei Ölgemälde aus der Schule Lucas Cranachs des Jüngeren aus Wittenberg aus dem Jahre 1856. Es handelt sich bei den Gemälden um das Porträt von Christoff von Stutterheim und das seiner Gemahlin Catharina von Stutterheim, geborene Löser.

Die Reproduktionen sind entnommen dem Buch „Golßen in historischen Ansichten" von Lars Rose und Michael Bock.

Aus sicherheitstechnischen Gründen wurden die Gemälde von Altgolßen nach Golßen gebracht, wo sie sich an einem sicheren Ort befinden.

Dass sich solch wichtige Zeugnisse der adligen Gutherrschaft in einem kleinen Dorf wie Altgolßen wahrscheinlich mehr als vierhundert Jahre befunden haben, spricht für die Bedeutung dieses Ortes.

So vermerkt die „Territorial-Geschichte der Nieder-Lausitz" zu Recht, „daß übrigens das Dorf Altgolßen älter sein müsse als die Stadt Golßen, verräth schon der Zuname."

Christoff von Stutterheim 1556

Catharina von Stutterheim geb. Löser 1556

1646 wird anlässlich eines Erbfalls auch ein Vorwerk genannt, das die Witwe des Melchior von Schlabrendorf erbte und aus dem sich ein zweites Rittergut entwickelte. Beide Rittergüter wurden 1762 unter Johann Friedrich Gottlob von Schmidt wieder vereinigt, lehnsrechtlich jedoch weiterhin getrennt behandelt.

Auf der Internetplattform „Institut Deutsche Adelsforschung" werden die Besitzer des bzw. der Rittergüter in Altgolßen wie folgt aufgeführt: „v.Knobelsdorf, v.Stutterheim, v.Langenn, v.Karraß, v.Sternstein, v.Schlabrendorf, v.Lietzau, v.Schmidt, v.Reinsperg, Kroseck, Schumann, Schneider, Döhler, Heynemann"

Der Besitz ging ab Ende des 18, Jahrhunderts in die Hände wechselnder bürgerlicher Eigentümer über. 1830 erwarb Adolf Heinrich Theodor Heynemann die beiden nördlich der Dorfstraße und unmittelbar nebeneinander liegenden Gutsanlagen, die noch auf dem Ur-Messtischblatt von 1847 dargestellt sind.

Auf diesem ist auch ersichtlich, dass in der Niederlausitz Weinanbau betrieben wurde und zwar durchaus in größerem Umfang, wie eine Studie von Heinz-Dieter Krausch (Jahrbuch für brandenburgische Geschichte 2011) belegt.
„Ein Teil dieser Weinberge war in der 1. Hälfte des 19. Jahrhunderts bereits verschwunden. 1831 wurde, nach einem ungünstigen Weinjahr, der Paseriner Weinberg aufgelassen. 1864 waren hier noch die Weinberge von Alt-Golßen, Drahnsdorf, Krossen, Landwehr, Sellendorf, Kümmritz und Zieckau in Nutzung."

Über den Rittergutsbesitzer Heynemann sind im Brandenburgischen Landeshauptarchiv in Potsdam noch zahlreichen Dokumente vorhanden, so allein 22 Prozeßakten, u.a gegen

„Laßbauern" wegen verweigerter Fuhrdienste, aber auch gegen die Gutsherrschaft wegen streitiger Weiderechte.

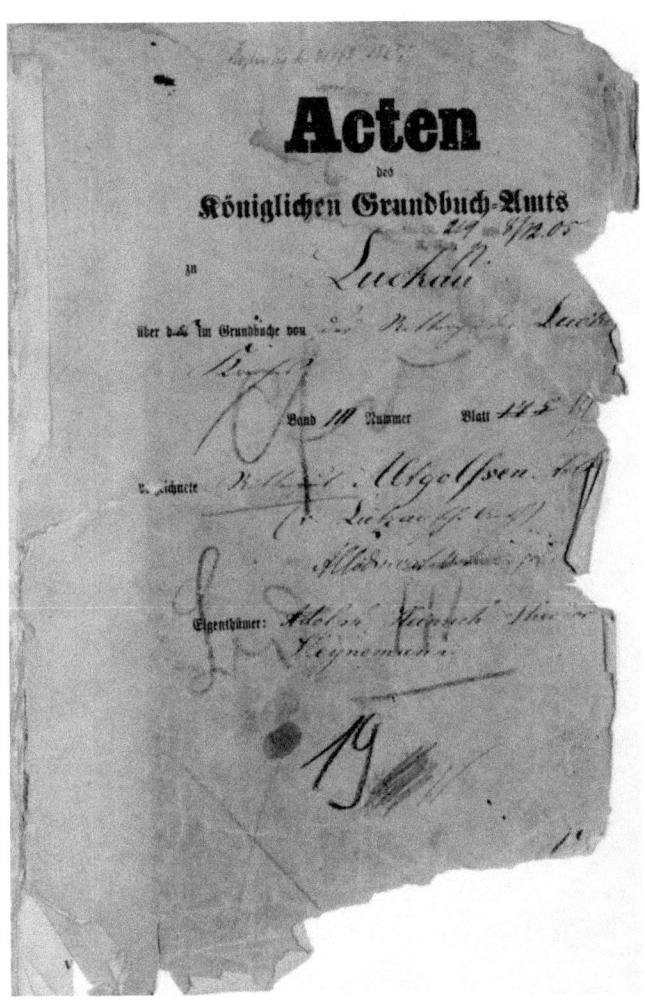

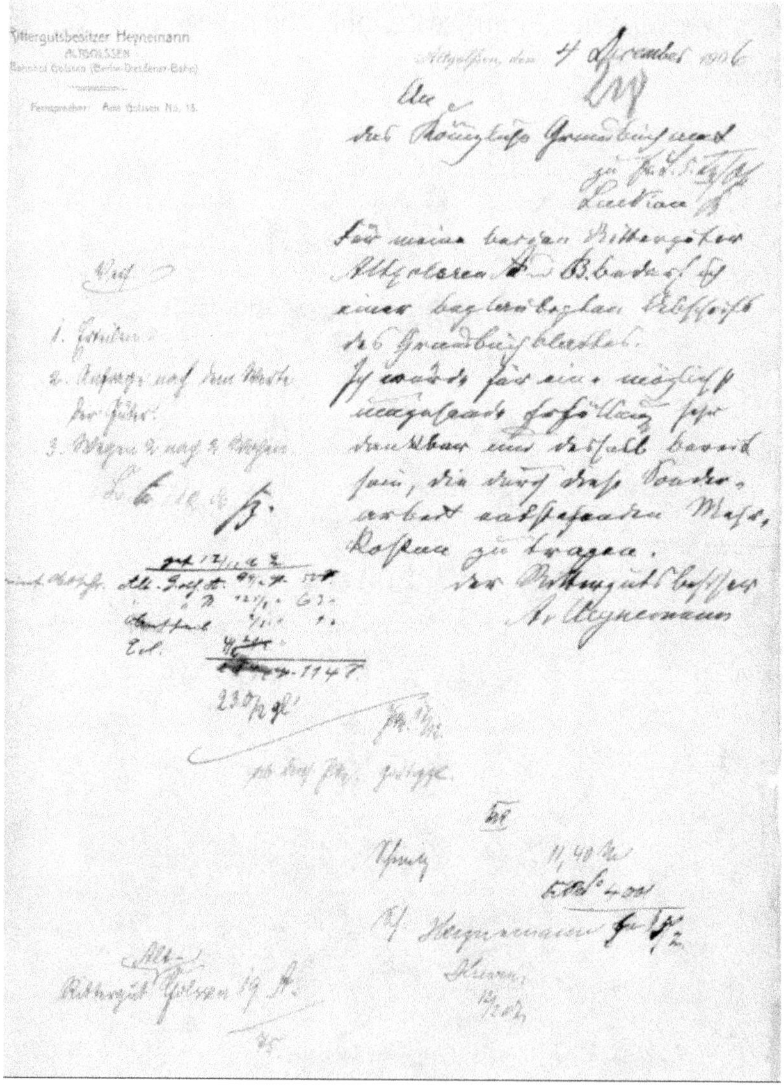

Rittergutsbesitzer Heynemann
ALTGOLSSEN
Bahnhof Golssen (Berlin-Dresdener-Bahn)

Fernsprecher: Amt Golssen No. 15.

Altgolssen, den 4. November 1906

An
das Königliche Grundbuchamt
zu Golssen

Betrifft

Für meine beiden Rittergüter
Altgolssen u. B. bedarf es
einer baldmöglichst Berichtigung
des Grundbuchblattes.

Ich würde für eine möglichst
umgehende Erledigung sehr
dankbar sein und weshalb bereit
sein, die durch diese Sonder-
arbeit entstehenden Mehr-
kosten zu tragen.

Der Rittergutsbesitzer
A. Heynemann

Unter den Heynemann wurde der ältere östliche Gutshof aufgegeben und der westliche durch den Neubau eines Wirtschaftsgebäudes an der Ostseite zu einer rechteckigen, zur Dorfstraße offenen großen Hofanlage komplettiert.

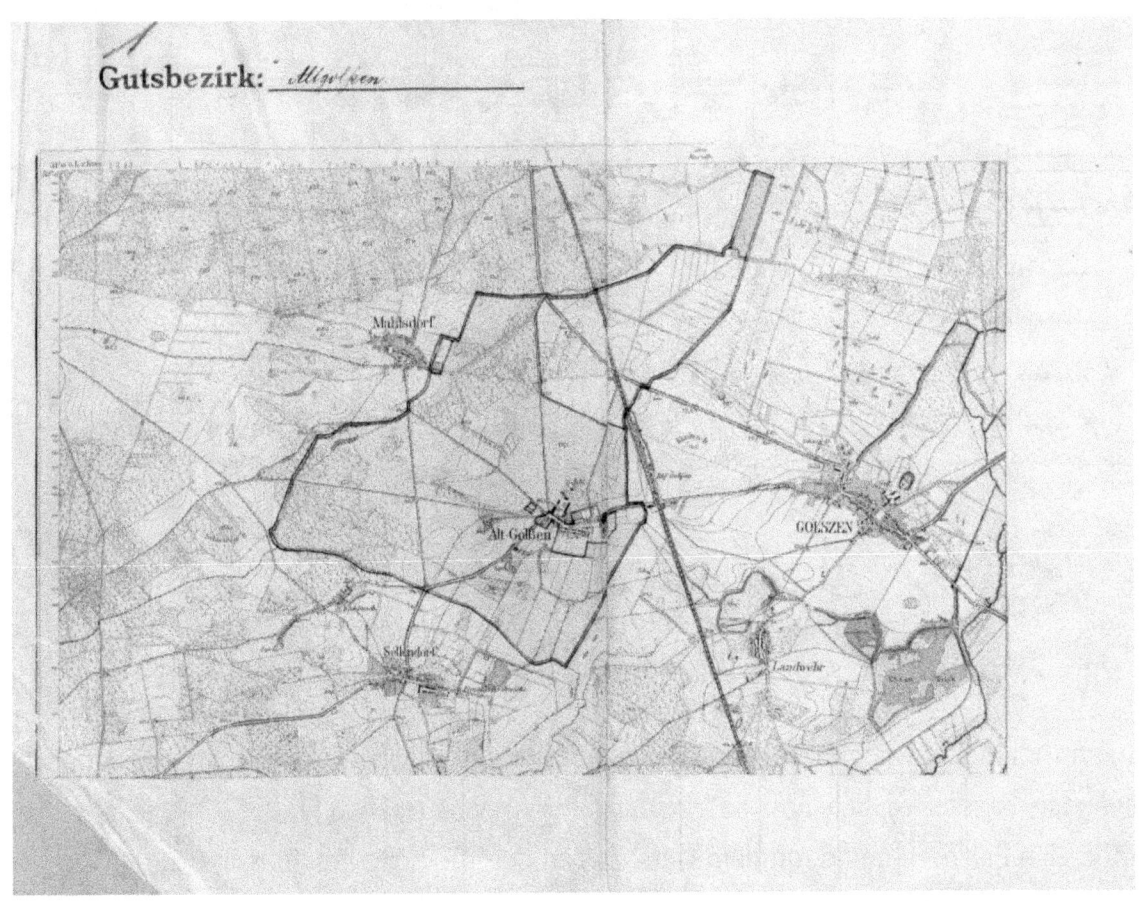

Messtischblatt vom Gutsbezirk Altgolßen

Der nachfolgende Ausschnitt lässt die Gutsanlage gut erkennen.

So kann man daran noch die heutige Gebäudesituation nachvollziehen. Bei den länglichen Gebäuden handelt es sich um die ehemaligen Wirtschaftsgebäude, die typischerweise den Hofbereich flankierten und mit dem Gutshaus an der Stirnseite beschlossen wurden. So hatte der Gutsherr das, was auf dem Hof geschah, jederzeit im Blick. Von der ehemaligen Hofanlage haben sich Teile inzwischen überformter Wirtschaftsbauten erhalten. Das in der Mittelachse liegende und den Hof nordöstlich abschließende Gutshaus auf dem Messtischblatt von 1925 existiert nicht mehr.

Vergleicht man die beiden Karten miteinander, so wird ersichtlich, dass die unten abgebildete „Karte Deutsches Reich 1902-48" die ältere sein muss, da sich das Gebäudeensemble des Gutshofes deutlich verändert hat.

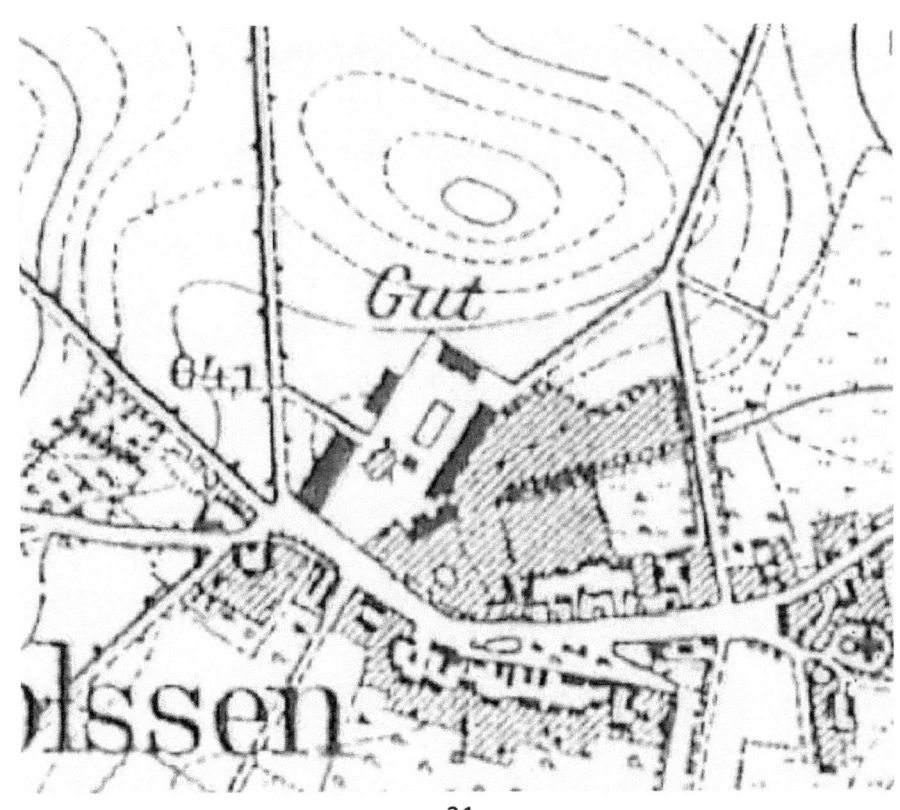

Da ist einmal eine deutliche Anlage eines Schlossparks mit sichtbaren Anpflanzungen von Bäumen und der Gestaltung von Wegen (Abb. Seite 20). Außerdem befindet sich nördlich des Gutshauses in der Achsenverlängerung der Hofanlage und am Scheitelpunkt eines hufeisenförmigen Parkweges ein mit Schl. bezeichnetes Gebäude, welches dem heutigen Schloss entsprechen dürfte.

Auch die Ausdehnung des Schlossparks entspricht seiner ursprünglichen Größe. Der heutige Park umfasst nur noch den nördlichen Teil, etwa zu einem guten Drittel der ursprünglichen Parkanlage, die in den fünfziger Jahren mit einigen Häusern aufgesiedelt wurde.

Vom Balkon des Herrenhauses ist noch gut an Hand der großen Bäume der ehemalige Verlauf des Parks an der südlichen Grenze, die bezeichnenderweise vom „Schlossgraben" begrenzt wurde, wie es noch heute aus den Flurkarten und auch bei google-maps abzulesen ist, zu erkennen.

Auf der google-Karte sieht man die umgekehrte Situation: das nördlich liegende Schloss inmitten des Parks mit Baumbestand aus der Erbauungszeit von 1910 bis 1912, von dem am südöstlichen Rand noch eine größere Anzahl an alten Bäumen, am Schlossgraben vereinzelte alte Eichen stehen geblieben sind.

Der Schlossgraben, aus einer Zeit stammend, als viele Gräben das Land um Altgolßen durchzogen, da es offenbar zuvor sumpfig gewesen war, führt auch heute noch Wasser. Die rechteckige, zur Dorfstraße offene ursprüngliche Hofanlage, die in ihrer Mitte ein rechteckiges Wasserreservoir besaß, ist nur noch in Ansätzen erkennbar. Dabei befindet sich heute die Neue Straße, die von der Dorfstraße abzweigt, genau in der Mitte zwischen den noch teilweise erhaltenen Wirtschaftsgebäuden.

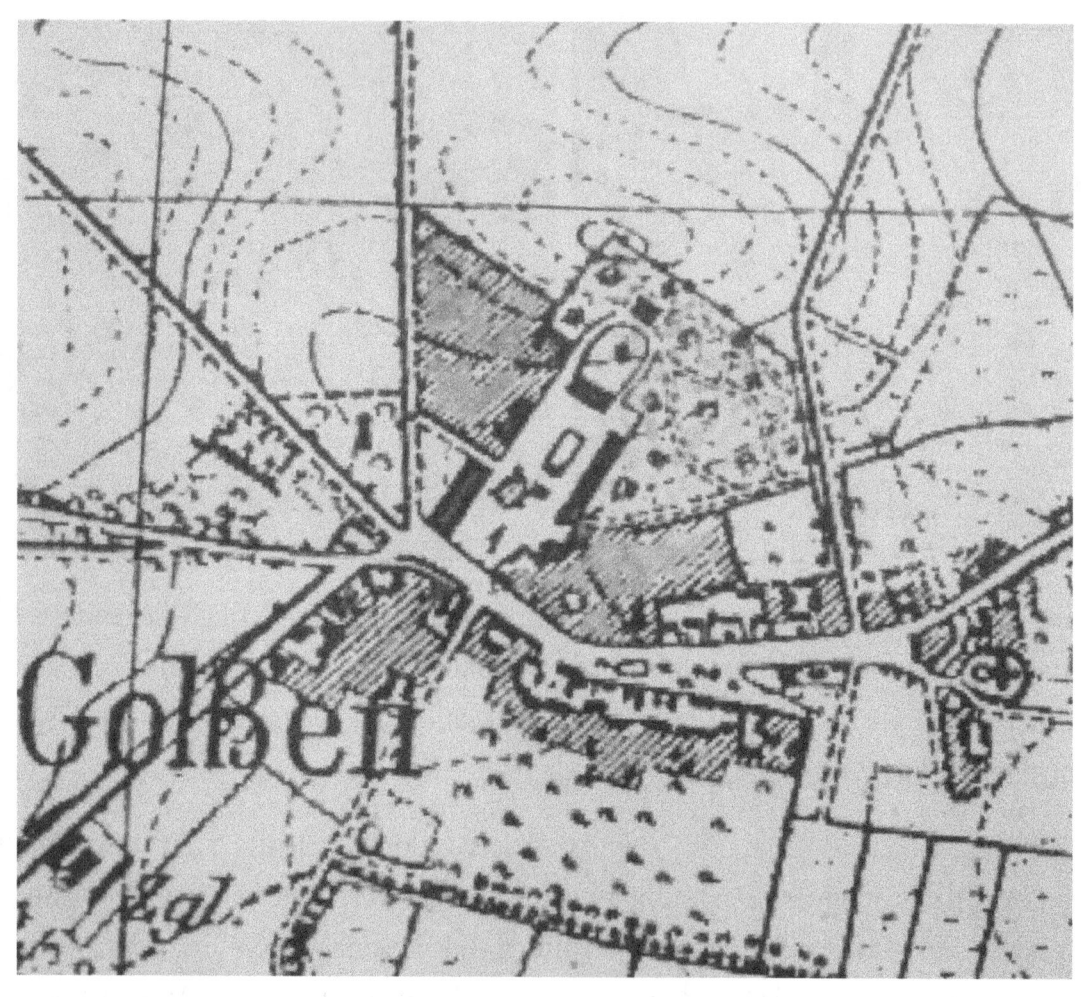

Das auf dem Messtischblatt um 1925/26 in der Mittelachse liegende und den Hof nordöstlich abschließende Herrenhaus, es handelte sich um einen langgestreckten, zweigeschossigen schlichten Putzbau mit abgewalmtem Ziegeldach, existierte noch einige Zeit, nachdem bereits das neue Herrenhaus erbaut worden war.

1910 veräußerte der königliche Forstmeister Arnold Heynemann die Anlage an Rittmeister Gerhard Richnow aus Berlin. Durch Richnow wurde hinter dem alten Herrenhaus in dessen Achse auf dem dort ansteigenden Gelände in exponierter Lage um 1910/12 ein zweites, neues Herrenhaus erbaut und mit einem Park umgeben, wie aus obiger Karte ersichtlich.

Eigenartigerweise hat sich im Dorf Altgolßen keine Erinnerung an das alte Gutshaus erhalten. Auch ältere Bewohner, denen ich die Messtischblätter zeigte, auf denen das Gutshaus in nördlicher Lage des Hofes eingezeichnet ist, konnten sich – auch aus Erzählungen noch älterer Mitbürger - nicht einmal vorstellen, dass sich ein solches dort befunden haben sollte: nämlich heute südwestlich vom Schloss vor der kleinen Toranlage auf der großen freien Fläche, bei der die Neue Straße in einem stumpfen Winkel nach Westen abbiegt und den Schlosspark begrenzt.

Natürlich waren wir als neue Eigentümer des Schlosses in Altgolßen sehr an der Geschichte von Haus, ehemaligem Besitzer, vielleicht Bauplänen sowie dem Namen des Architekten interessiert. Denn dass es sich um ein außerordentliches Gebäude handelt, war uns von vornherein bewusst.

Trotz intensiver Nachforschung gelang es mir nicht, eine Bauakte ausfindig zu machen, somit auch nicht den Namen des Architekten zu erfahren. Auch die Denkmalschutzbehörde blieb in dieser Hinsicht auf Einordnungen angewiesen: „Der ganz funktional gedachte

Grundriss nimmt Impulse des Werkbunds und der am englischen Landhaus orientierten Villenbauten von Hermann Muthesius auf", schrieb sie in ihrem Gutachten.

Glücklicherweise konnten wir im Jahre 2014 die Enkelin des Erbauers Gerhard Richnow kennenlernen, als sie uns im Schloss besuchte. Freundlicherweise hatte sie einige Fotokopien vom Rittergut und vom neuen Schloss aus einem alten Fotoalbum ihrer Eltern beziehungsweise Großeltern mitgebracht.

Erstaunt konnten wir feststellen, dass abgesehen von den nach hundert Jahren zu stattlicher Größe herangewachsenen Bäumen, das Schloss selbst im Grunde noch wie zu seiner Erbauungszeit aussah.

Im Album fanden wir nun auch ein Bild des ehemaligen Gutshauses,

Das alte Haus (1926)

an das sich niemand der Alteingesessenen von Altgolßen hatte erinnern können. Zumindest im Jahre 1926 muss es also noch existiert haben. Weshalb die Richnows es haben abreißen lassen, ist nicht bekannt. Es ist aber zu vermuten, dass der Gutsbesitzer Gerhard Richnow vom neuen Herrenhaus einen ungehinderten Überblick über Hof und Gebäude seines Rittergutes haben wollte. Dass sich ein Berliner mit dem Erwerb eines Gutes den Wunsch nach „Landadel" erfüllte, steht zu vermuten. Jedenfalls erfüllte der neue Rittergutsbesitzer Gerhard Richnow seine Pflichten mit großer Sorgfalt, wie zum Beispiel aus einem mehrseitigen Bericht anlässlich einer Gutsbesichtigung ersichtlich ist.

Und so wurden im privaten Fotoalbum auch die Gutsarbeiter bei ihren verschiedenen Tätigkeiten porträtiert, wie zum Beispiel beim Dreschen von Korn vor der großen Scheune (1922).

Dreschen vor der großen Scheune (1922)

Hierzu wird im Denkmalschutzgutachten folgendes festgehalten: „Als wesentlicher Bestandteil des damaligen Ritterguts, das über Jahrhunderte die gesamte Entwicklung, die wirtschaftliche, soziale und bauliche Struktur von Altgolßen entscheidend geprägt hat, besitzt das Denkmal (Herrenhaus und Park) **orts- und regionalgeschichtliche** Bedeutung, Der aus der älteren Gutsanlage erwachsene Landsitz in Altgolßen ist ein eindrucksvolles Dokument für den tiefgreifenden Wandel, der sich im 19. Jahrhundert und besonders nach dem wirtschaftlichen Aufschwung der Gründerzeit in vielen Gutsdörfern zu verzeichnen ist. Zu beachtlichem Wohlstand gekommene Bürger übernahmen Rittergüter um ihren wirtschaftlichen und gesellschaftlichen Erfolg, der zumeist auf ganz anderen Berufsfeldern erzielt worden war, gewissermaßen zu nobilitieren.

Vielfach modernisierten sie die zugehörige Landwirtschaft und bauten die bestehenden Wirtschaftshöfe aus. Anstelle der alten Gutshäuser ließen sie repräsentative, vor allem ihrer Sommerfrische dienende Landsitze errichten, die dementsprechend weniger den Mittelpunkt der Gutsanlage darstellten, als vielmehr am Villenbau ihrer Zeit orientiert waren. Durch Richnow wurde hinter dem alten Herrenhaus in dessen Achse auf dem dort ansteigenden Gelände in exponierter Lage um 1910/12 ein zweites, neues Herrenhaus aufgeführt und mit einem Park umgeben."

Das Schloss in seiner äußeren Gestalt

„Der auf T-förmigen Grundriss erbaute stattliche zweigeschossige Putzbau auf hohem Kellersockel, der mit hohen Walmdächern abschließt, ist mit seiner achtachsigen Eingangsseite auf den einstigen Wirtschaftshof ausgerichtet, von dem es zur Bauzeit aber durch das alte Herrenhaus deutlich getrennt wurde.

Nach Südosten ausgerichtet ist die Gartenseite mit großzügiger Terrassenanlage und daran anschließendem Rundweg. Dadurch wird diese Seite als Hauptansicht bestimmt und durch deutlich vortretende Seitenrisalite unter eigenen Walmdächern sowie und durch ein zwei Fenster breites mittleres Dachhaus unter Satteldach betont.

Vor dem mittleren Gebäudeteil liegt die Terrasse, zu der einige Stufen führen. Sie besitzt einen Fliesenboden: weiße Fliesen fassen graue Felder ein, in den Kreuzungspunkten eine Ornamentfliese. Die Terrasse wird durch eine ebenso breite Loggia mit schlanken dorischen Säulen, die zugleich als Portikus wirkt, vor der Witterung geschützt. Im Obergeschoss ist sie als Balkon mit eleganter schmiedeeiserner Brüstung ausgebildet. Vor der Terrasse liegt die Vorfahrt, die zum Garten durch eine verputzte Stützmauer abgegrenzt wird, welche an den Seiten aufschwingt, im mittleren Bereich schmiedeeiserne Brüstungsfelder zwischen massiven Pfeilern aus Granit aufweist und zu beiden Seiten Treppen mit gleichem Geländer, die in den Garten führen."

So wird das Schloss im Denkmalschutzgutachten beschrieben.

Ansichtskarte um 1913

Die schlanken dorischen Säulen aus Muschelkalk lassen das Schloss wie einen Bau des Klassizismus erscheinen. Zur Zeit der Erbauung von Schloss Altgolßen war es üblich, Säulen aus Beton herzustellen. Sie waren dann auch nicht segmentiert wie in diesem Fall.

Die vier Säulen des Schlosses bestehen jeweils aus vier Trommeln mit Kanneluren, sind in ihrer Gesamtheit leicht gebaucht und weisen Kapitelle auf.

Besonders aufwendig ist auch die Bildung des Architravs, der die hervorspringende Terrasse im Obergeschoss trägt. Er besteht aus ineinander verkeilten trapezförmigen Granitsteinen. Die gesamte Säulenanlage orientiert sich an klassischen griechischen Vorlagen.

Es ist nicht auszuschließen, sondern sogar wahrscheinlich, dass die gesamte Säulenanlage mit Architrav und Treppenstufen sowie den auffälligen Quadern als rechte und linke Eingrenzung, allesamt aus Granit, von einem anderen Ort (einem anderen Schloss?) hierher geschafft wurden.

Sie müssen bereits in die Bauplanung Eingang gefunden und daher schon in ihren Ausmaßen bekannt gewesen sein. Da die Topografie eines Geländes variiert, mussten hier die Stufen in ihrer unterschiedlichen Höhe dem Gelände angepasst werden, was nur einem aufmerksamen Betrachter auffallen mag.

Zu der unteren Terrasse führt eine freiläufige sechsstufige Treppe aus Granitsteinen.

Die gepflasterte Auffahrt mit Portikus

Vor der Terrasse liegt die Vorfahrt, die zum Garten durch eine verputzte Stützmauer abgegrenzt wird, welche an den Seiten aufschwingt, im mittleren Bereich schmiedeeiserne

Brüstungsfelder zwischen massiven Pfeilern aus Granit aufweist und zu beiden Seiten zehnstufige Treppen mit gleichem Geländer, die in den Garten führen.

Die Treppe zum Garten mit Granitstufen und Gitter

Im Obergeschoss ist die Terrasse als Balkon mit eleganter schmiedeeiserner Brüstung ausgebildet. Besonders elegant und aufwendig sind die geschwungenen, aus Granit gehauenen Abdeckungen der Stützmauern, die an den Enden als Voluten strukturiert sind.

Auffahrt mit geschwungener Stützmauer

Nach Südosten ausgerichtet ist die Gartenseite des Schlosses mit großzügiger Terrassenanlage und daran anschließendem Rundweg. Dadurch wird diese Seite als Hauptansicht bestimmt und durch deutlich vortretende Seitenrisalite unter eigenen Walmdächern sowie und durch ein zwei Fenster breites mittleres Dachhaus unter Satteldach betont.

Historische Postkarte um 1925

Foto von 2017

Vor dem mittleren Gebäudeteil liegt die Terrasse beziehungsweise Loggia. Sie besitzt einen Fliesenboden: weiße Fliesen fassen graue Felder ein, in den Kreuzungspunkten eine Ornamentfliese. Dieser Fliesenboden aus der Erbauungszeit ist auch heute noch erhalten.

Postkarten 1935-1940 in unterschiedlicher Schreibweise

Die achtachsige südwestliche Seite des Schlosses weist eine unregelmäßige Gliederung auf, die durch einen dreiseitig im Hochparterre vortretenden Erker in der südöstlichen Achse, die Eingangs- und anschließende Achse mit kleinen ovalen Fenstern sowie durch eine weitere Eingangsachse im Südosten bestimmt wird.

Der mit Steinkugeln bekrönte Abschnitt vor dem Eingang bildet (allerdings seitlich verlegt) einen Teil der historischen Zugangssituation.

Die Granitkugeln ruhen auf Granit-Quadern. Die aus Rohr gezogenen Schneckenvoluten, kunstvoll an die Kugeln adaptiert, entstammen ebenfalls noch der historischen Bauzeit.

Granitkugel im Eingangsbereich

Das Schloss von Süden

Die nordöstliche Schmalseite ist dreiachsig ausgebildet. Die Achse wird hier ebenfalls von Wandvorlagen eingefasst und führt, wenn auch insgesamt schmaler, die Gliederung der anderen Fassadenachsen fort.

Nordöstliche Schmalseite

Die nordwestliche Seite des Baus wird durch den als Risalit in Erscheinung tretenden Trakt der Eingangsseite bestimmt, durch einen breiten dreiseitigen Erker in der Fassadenmitte und schließlich durch den letzten Wandabschnitt, der durch die einfassenden gequaderten Wandvorlagen als Pendant zu dem Risalit definiert wird.

Betont wird dieser Wandabschnitt im Hochparterre durch ein großes Fenster mit Segmentbogenabschluss und durch drei stehende schmale Fenster im Obergeschoss.

Nordöstliche und nordwestliche Seite

Bei aller Vielgestaltigkeit und individueller Ausprägung der einzelnen Fassaden zeichnet den Bau eine ruhige Monumentalität aus. Die Fassaden sind bei allem Abwechslungsreichtum zurückhaltend gegliedert.

Große glatte Wandflächen und gleichartig gestaltete Fenster bestimmen das Erscheinungsbild ebenso wie die geschlossen wirkenden Flächen der hohen Walmdächer.

Gebäudekanten und betonte Wandabschnitte werden durch eine sehr flache aufgeputzte Eckquaderung akzentuiert. Ein weiteres wichtiges Gliederungselement bilden die Fensteröffnungen und Eingänge, Die Fenster des als Hauptgeschoss ausgebildeten Hochparterres werden durch ein abschließendes halbrundes, flaches Putzfeld betont. Sie weisen alle eine schmale Putzrahmung auf, meistens sind auch die unteren Abschlüsse betont. Ein Großteil der kleinteilig mit Sprossen gegliederten Fenster, die Doppelkastenfenster und die Eingangstüren stammen aus der Bauzeit.

So präsentiert sich das Schloss Altgolßen in seinem Äußeren seit über hundert Jahren fast unverändert.

Das Innere des Schlosses

Bei ihrem Besuch im Jahr 2015 konnte die Beauftragte der Denkmalschutzbehörde erstaunt und erfreut konstatieren: „Die Ausstattung im Innern setzt dem zurückhaltend gestalteten Äußeren eine gediegene, in Material und Ausführung aufwendige Ausstattung entgegen, wie sie heute nur noch in wenigen Herrenhäusern des Landes Brandenburg erhalten ist."

In der Tat ist dies außerordentlich bemerkenswert, hat doch auch dieses Herrenhaus eine wechselvolle Geschichte durchlaufen müssen.

Die Familie des Erbauers Gerhard Richnow (1887-1963), seine Ehefrau Luise-Emma Richnow, geb. Bergemann (1890-1975) und ihr Sohn Hans-Jochen (1917-2011) verloren in Folge des 2. Weltkrieges ihr gesamtes Hab und Gut in Altgolßen. Jochen Richnow, der das Rittergut Altgolßen bis 1945 nach seinem Vater hauptsächlich betrieben hatte, musste mit Frau und Kleinkind innerhalb von zwei Stunden sein geliebtes Schloss verlassen. In einem Koffer konnten sie nur das Nötigste mitnehmen.

Das gesamte Mobiliar verblieb im Schloss. Wie aus der Geschichte anderer enteigneter Schlösser bekannt, „löste sich das Mobiliar in Wohlgefallen auf". Wo die Teile hingewandert sind, werden nur diejenigen beantworten können, bei denen sich womöglich noch das eine oder andere „Souvenir" befindet.

Nur ein einziges Möbelstück war offensichtlich zu schwer zu transportieren: die Kredenz im Speisesaal.

Sie bildet auch heute noch den Abschluss des großen Salons. Allerdings hatte sie während der vielen Jahre doch erhebliche Schäden erlitten. Durch das Aufarbeiten durch einen örtlichen Schreinermeister, spezialisiert auf historische Möbelrestaurierung, konnten wir der Kredenz wieder zu ihrem ursprünglichen Glanz verhelfen.

Kredenz aus der Bauzeit

Wenden wir uns nun den Innenräumen zu. Im Hochparterre oder Erdgeschoss liegen die repräsentativen Räume. Sie gruppieren sich um eine großzügige zentrale Diele, von der auch die Haupttreppe ins Obergeschoss führt.

Die Diele, auch Vestibül genannt, zeichnet sich durch eine Kassettentäfelung in zwei Dritteln der Wandhöhe aus. Das zentrale Ausstattungsstück ist der große Kamin, dessen Holzeinfassung in Formen der Neorenaissance gehalten ist und der die Diele zugleich dem Wohnbereich zuordnet.

Während der DDR-Zeit war der Gedanke aufgekommen, die Vertäfelung zu entfernen, da sie allzu sehr an feudale Zeiten erinnerte. Allerdings wurden diese Pläne rasch wieder verworfen, da die dahinter befindlichen Wände nicht verputzt waren und es einen enormen Aufwand bedeutet hätte, diese zu verputzen, ganz zu schweigen von dem chronischen Mangel an Baumaterialien.

So blieben glücklicherweise die Wandvertäfelung und die Balkendecken in der Diele und der angrenzenden Bibliothek erhalten.

Auch der Kamin in seiner großartigen Neorenaissance-Ausführung konnte die Zeiten überstehen, wenngleich die Kaminöffnung und der Kamininnenraum weiß überstrichen waren. Die ursprüngliche olivgrüne Farbgebung mit den stilisierten Wappen zu jeder Seite wurden von uns wiederhergestellt sowie die Funktion durch einen Kassetteneinschub.

Vestibül mit Neorenaissance-Kamin

Vestibül mit Windfang und Flur zur Eingangstür

Das Vestibül besitzt einen durch einen innen liegenden Windfang geschützten Zugang zur Terrasse. Von dem auf der Nordwestseite des Herrenhauses gelegenen Eingang, auch er mit bauzeitlicher Tür, führt ein Flur mit grauweißem Bodenfliesen auf die große Diele zu.

Im südwestlichen Bereich des Hauses liegen drei Räume, wovon zwei eine bauzeitliche wandfeste Ausstattung haben. Bei dem einen wirkungsvollen Einbaumöbelstück handelt es sich um einen mit Glasscheiben versehenen Bücherschrank, der im oberen mittleren Teil eine geschnitzte Arkade zur Platzierung dekorativer Stücke aufweist.

Bibliothek

Er wurde wohl als Bibliothek oder Herrenzimmer genutzt. Durch einen offenen Durchgang ist er mit dem davorliegenden Raum verbunden, der ebenfalls eine Wandvertäfelung und ein hübsch gestaltetes Regal mit einem Eckschränkchen besitzt. Der Charakter dieses Zimmers wird zudem durch ein dreiteiliges Erkerfenster hervorgehoben.

Herrenzimmer mit Wandtäfelung und Einbauten

Das größte Zimmer im Hochparterre, im Grundriss gewissermaßen das Raumpendant zur Terrasse, ist nach Nordwesten ausgerichtet und wird durch das große Erkerfenster belichtet, dessen innere Fensterflügel farbige Bleiglasscheiben aufweisen.

Dreiflügliges Fenster mit Bleiverglasung

Es ist schon ein kleines Wunder, dass diese wunderschönen Bleiglasfenster die wechselvollen Zeiten überstanden haben.

An dieser Stelle möchte ich kurz über die Verwendungen, die das Schloss Altgolßen nach dem zwangsweisen Verlassen seiner Eigentümer und Erbauer erfahren hat, eingehen.

Kurz nach Kriegsende im Jahre 1945 war dort über einen relativ kurzen Zeitraum die russische Kommandantur untergebracht. Danach fanden im Herrenhaus Flüchtlingsfamilien, überwiegend aus Schlesien, Unterkunft. Parallel dazu begann im Haus der Betrieb eines Säuglingsheims, später Kinderheims und Kindergartens. Kinderheim und Kindergarten wurden dort während der gesamten DDR-Zeit betrieben. Einige Frauen aus dem Dorf Altgolßen waren als Kinderschwestern und Erzieherinnen dort tätig gewesen und konnten uns noch aus jener Zeit berichten.

Die enteignete Familie Richnow hat während der DDR-Jahre ihr Schloss in Altgolßen nie besucht.

Nach der Wende hätte Dr. Hans-Jochen Richnow, der Sohn des Erbauers, das Schloss käuflich zurückerwerben können. Von dieser Möglichkeit machte er keinen Gebrauch, sondern verfügte, dass es einem sozialen bzw. caritativen Zweck zugeführt werden solle.

In diesem Zuge konnte das Diakonische Werk mit seiner „Stiftung Evangelisches Diakonissenhaus Berlin Teltow Lehnin" das Schloss und den dazugehörigen – inzwischen deutlich verkleinerten – Park 1992 käuflich erwerben.

Diese evangelische Stiftung betrieb bis zum Sommer 2008 im Schloss eine Schule für geistig und körperlich behinderte Kinder und Jugendliche, die „Hans-Christian-Andersen-

Schule". Ursprünglich betreute die Förderschule ungefähr 30 Kinder ganztägig. Im Laufe der Jahre wurden es immer weniger, zuletzt, im Jahre 2007, waren es nur noch 6, so dass man sich entschloss, die Fördereinrichtung im Altgolßener Schloss zum Ende des Schuljahres 2008 aufzugeben.

Nach unserer Übernahme im Jahre 2008 warteten unzählige Arbeiten auf uns, um das Schloss wieder in seinem ursprünglichen Glanz erstrahlen zu lassen.

Doch kehren wir zurück zum Eindruck, den die in jahrelanger Arbeit wiederhergestellten Räume bei der Vertreterin der Denkmalschutzbehörde hinterließ und die sie folgendermaßen formulierte: „Die bemerkenswerte Ausstattung der „öffentlichen" Räume des Hochparterres verbindet in ihrem durchgehend hohen Gestaltungsanspruch Wohnqualität und repräsentative Wirkung. Durch Doppeltüren sind die größeren untereinander und mit dem großen Erkerzimmer verbunden."

Bei den hohen Doppeltüren handelt es sich um eine normale Tür mit zwei Teilen zum Öffnen, die vom Vestibül in den großen Salon führt. Zwischen großem und kleinem Salon befindet sich eine hochwertig gearbeitete Doppelschiebetür aus Edelholz. Zwei Drittel der Türblätter weisen rechteckige Felder mit geschliffenen Glasscheiben auf, wodurch der verbindende Raumcharakter auch bei geschlossenen Türen garantiert ist. Die Original-Messinggriffe sowie die dekorative Gestaltung der oberen Türabschlüsse zeugen wiederum von dem Willen zu wohnlicher Repräsentanz. Eine dritte Doppelschiebetür verbindet den kleinen Salon mit dem Musikzimmer.

Kleiner Salon

„Ein kleinerer Raum, lichtdurchflutet durch die beiden großen halbrund abschließenden Fenster, schließt sich dem an und diente wohl als Damenzimmer."

„Die Decken sind in diesem Geschoss als Stuck- und als Kassettendecken mit Holzbalken, bzw. Scheinbalken ausgebildet. Das Parkett, teilweise handelt es sich um Tafelparkett, die großen Türen mit ihren dekorativen Einfassungen und Türblättern vermitteln mit der erhaltenen wandfesten Ausstattung ein anschauliches Bild von dem gediegenen und zugleich auf Wirkung bedachten Geschmack des damaligen vermögenden Bürgertums."

Vestibül mit Blick in die Bibliothek

„Hier orientierte man sich durchaus noch an dem dunklen schweren Mobiliar des Historismus, doch sind die Detailformen ganz zeitgemäß. Diese Ausstattung bildet in vielen Räumen einen reizvollen Kontrast zum zurückhaltenden Deckenstuck."

Parkett mit mehrfarbigen Intarsienarbeiten

Ein interessanter Aspekt muss hier auch Erwähnung finden. Während der DDR-Zeit wurde möglichst alles, was an frühere Adelsherrschaft erinnerte, ignoriert, wenn nicht sogar vernichtet. Viele Schlösser „überlebten" jene Zeit nur deshalb, weil sie eine nützliche Verwendung fanden, so zum Beispiel häufig als Seniorenheime, Kinderheime, Tagungsstätten.

Auch das Herrenhaus in Altgolßen hat seinen Fortbestand dieser Tatsache zu verdanken. Bewusst wurde vom Denkmalschutz in der DDR-Zeit auch nicht das gesamte Gebäude unter Schutz gestellt, sondern lediglich „Vestibül und Treppe", auch wenn zu damaliger Zeit die wunderschöne Treppe mit Linoleum belegt war und das Holz gar nicht voll zur Geltung kommen konnte.

Nach der Restaurierung entfaltet die Treppe mit dem Geländer, das deutlich den Einfluss von Art déco und englischem Werkbund erkennen lässt, wieder ihre Schönheit und Wirkung.

Die Treppe führt in einer sanften Biegung mit einem Treppenpodest an der Kehre in das Obergeschoss, von den repräsentativen und gesellschaftlich offenen Räumen zu den privat genutzten Zimmern.

Treppe mit Geländer von der Empore aus

Im Obergeschoss befanden sich früher die privaten Räume des Hausherrn und seiner Familie. Auch hier haben sich einige Stuckdecken erhalten.

Deren flache Dekore korrespondieren sehr viel eher mit der zurückhaltenden Gestaltung des Äußeren und entsprechen ganz dem modernen Geschmack der damaligen Zeit.

Empore mit Zugang zur Terrasse

Zurückhaltender Stuck

Der reibungslose Ablauf in einer Gutsherrenfamilie wurde nicht zuletzt durch die Bediensteten garantiert. Ihnen waren die Wirtschafts-Räume im hohen Sockelgeschoss sowie die Zimmer im ausgebauten Dachgeschoss zugeordnet, die durch ein eigenes Treppenhaus mit den Räumen der „Herrschaft" auf jedem Stockwerk mittels verschließbarer Türen verbunden waren.

Der große Raum mit der Kredenz, der wahrscheinlich ursprünglich als Speisezimmer diente und durch seine Größe signalisierte, dass man große Gesellschaften auch zum Essen einlud, öffnet sich zu einem Stichflur mit zwei Türen an beiden Seiten der Kredenz. Hinter diesem Stichflur lag die große Gutshofküche, von der aus dann die zubereiteten Speisen beidseitig aufgetragen werden konnten.

Die Küche verfügte über einen eigenen Flur, der vom zweiten Hauseingang aus zugänglich war und ist, wobei von dort sicher die Naturalien angeliefert wurden. Die hellen Ornamentfliesen des Flurs und die Treppe zum Ober-und Dachgeschoss, welche deutlich schlichter gehalten ist, stammen aus der Bauzeit.

Außerdem besitzt die Küche eine Speisekammer und einen Kellerzugang. Der Keller besitzt aber auch einen zusätzlichen über eine Treppe zugänglichen weiteren Eingang. Im Keller selbst befanden sich Heizungs- sowie Wirtschafträume. Zwischenzeitlich dürften einige Räume in dem Souterrain auch als Hausmeisterwohnung gedient haben, da sich dort noch tapezierte Räume und ein Badezimmer befinden.

Zur Zeit der Förderschule befanden sich im Souterrain Werkräume und ein großer Gymnastikraum, welcher heute als Künstleratelier dient.

Künstleratelier

Die große Gutshausküche

Restaurierungsarbeiten

Am Beispiel der heutigen Garderobe, die, - da neben der Eingangstüre gelegen - sicher auch zur Bauzeit als solche gedient haben dürfte, kann gut veranschaulicht werden, dass man oftmals die verborgene Struktur des Originals nur mit Instinkt und bauhistorischem Wissen erkennen und danach wieder rekonstruieren kann.

Die Situation, die wir vorfanden, war im Flurbereich links neben der Eingangstür eine glatte Wand mit zwei Türen, die in eine Toilettenanlage führten. Nichts ließ erahnen, dass sich dort einmal ein offener Bogen und dahinter ein Gewölbe befunden hatten. Dieses Gewölbe ließ sich an einer Stelle nur noch erahnen, so dass wir beschlossen, mit Rekonstruktionsmaßnahmen zu beginnen.

Das Entfernen der Wand- und Bodenfliesen war kein Problem. Schwierig gestaltete sich die Suche nach möglichst den Originalbodenfliesen entsprechenden, die wir in England ausfindig machen und per Luftfracht nach Deutschland und weiter zum Schloss expedieren lassen konnten.

Im Gewölbe entdeckten wir nach vorsichtigem Entfernen des weißen Anstrichs noch eine aus der Erbauungszeit stammende „Bemalung", wobei es sich um eine Art Druckverfahren mit vorgeprägten Mustern handelt. Diese wurde vorsichtig aufgefrischt und in die künstlerische Gestaltung durch H.E. Scheidgen einbezogen.

Situation nach Durchbruch der Mauer

Verputzter Bogen

Fertig gestaltete Garderobe

Die Parkanlage

Laut Denkmalschutz befand sich möglicherweise eine ältere gärtnerische Anlage nördlich des im 19. Jahrhundert aufgegebenen alten Gutshofs, das östlich des heute nur noch in Fragmenten ablesbaren jüngeren Gutshofs lag.

Auf dem Urmesstischblatt von 1847 und dem Messtischblatt von 1901 sind dort nicht näher definierte Gartenflächen ausgewiesen, der Bereich der heutigen Parkanlage weist dagegen noch keine Signatur aus.

Die auf dem Messtischblatt von 1921 dargestellte landschaftliche Parkanlage wurde demzufolge erst mit dem Bau des neuen Herrenhauses um 1910/12 angelegt. Ursprünglich erstreckte sie sich weiter nach Süden und bezog einen Teil dieser vorherigen Gartenflächen mit ein.

Wie weiter vorne beschrieben, reichte der Park bis zu einem Weg, der südlich des Wirtschaftsgebäudes, das den jüngeren Gutshof an der Ostseite begrenzt, nach Nordosten führt. Der südliche Bereich wurde nach 1945 teilweise aufgesiedelt. Einige stattliche Altbäume zeugen dort noch immer von der ursprünglichen Zugehörigkeit zur Parkanlage.

Das neue Herrenhaus wurde durch eine vom Gutshof ausgehende und an beiden Stirnseiten des alten Herrenhauses vorbei führende und von Eichen begleitete Vorfahrt erschlossen, deren südöstlicher Teil noch ablesbar ist.

Von der Vorfahrt zweigte der auf die Südostseite des neuen Herrenhauses bezogene und ebenfalls von Eichen begleitete ehemalige Rundweg ab, der einen langgestreckten Wiesenraum umschloss.

Vom Balkon und der Terrasse des neuen Herrenhauses ergaben sich hervorragende Ausblicke in diesen von Bäumen gerahmten zentralen Raum des Parks, der durch einige weitere geschwungene Wege erschlossen war.

Heute ist durch die nach 1945 vorgenommene Aufsiedelung im südlichen Parkteil und den für die Erschließung dort angelegten Neuen Weg der Rundweg abgeschnitten und der Park nur noch als Fragment existent.

Durch die Anpflanzung einer Thuja Hecke zur Neuen Straße, geht nun der Blick über den südlichen Parkbereich mit seiner weit ausladenden Rasenfläche hinüber zu den Eichen am südlichen Rand des ehemaligen Parks.

Der Park, auch in seiner reduzierten Größe von insgesamt knapp 1,6 Hektar, stellt eine gelungene Mischung dar von geschaffener Gartenarchitektur und Teilen im nordöstlichen Bereich, die durchaus Waldcharakter mit darin angelegten Waldwegen besitzen.

Im Gegensatz zu der Zeit seiner ursprünglichen Anlage vor über einhundert Jahren ist die Parkanlage heute durch die zu imponierender Größe herangewachsenen Bäume gekennzeichnet.

Im Park befinden sich überwiegend Laubbäume. In besonders großer Anzahl sind hier die mächtigen Eichen zu nennen. Daneben gibt es von ihrem Stammumfang und ihrer Laubkrone beeindruckende Exemplare von Buchen, Kastanien, Ulmen und Robinien.

Der Reichtum an Bäumen und Sträuchern bildet ein Refugium für eine vielfältige Tierwelt, insbesondere Singvögel, aber auch Eichhörnchen und Igel.

Durch die zu den angrenzenden Feldern und Wäldern offenen Parkbereiche, die sich der charakteristischen weitläufigen brandenburgischen Landschaft öffnen, ist in den Randbereichen auch des Öfteren Rehwild anzutreffen.

So stellt die Altgolßener Parkanlage, bestehend aus englischer Parklandschaft und strukturierter Gartenanlage, im überschaubaren Maßstab ein beredtes Beispiel dar „als eine der wenigen noch im 20. Jahrhundert von Privatpersonen neu angelegten großen Parkanlagen" und begründet hierin ihre gartenhistorische Bedeutung.

Hervorheben möchte ich die zu den verschiedenen Jahreszeiten immer wieder eigene Wirkung von Schloss und Park, so zum Beispiel die imponierende, von mächtigen Eichen flankierte Auffahrt zum Schloss. Auch die anderen Parkbereiche reflektieren aufs Schönste den Zauber einer jeden Jahreszeit. Davon mögen im Folgenden einige Bilder zeugen.

Toranlage mit Auffahrt zum Schloss

Schlossansicht von Süden

Im eigenen Wald

Winterzauber

Künstlerische Einordnung

Dem Herrenhaus kommt neben städtebaulicher, gartenhistorischer, orts- und regionalgeschichtlicher, gartenhistorischer und kultur- und sozialgeschichtlicher Bedeutung insbesondere ein künstlerischer Wert zu.

„Es ist ein aussagekräftiges Beispiel für die eklektizistische Stilwahl im Villen- wie im Herrenhausbau der Zeit um 1905/1915. Bemerkenswert sind die harmonisch in Proportionen und Details aufeinander abgestimmten Gestaltungselemente am Außenbau, die das Gebäude zu einem individuellen Ganzen formen. Jede Hausseite besitzt ihre eigene gestalterische Qualität.

Der Bau ist an der nobel zurückhaltenden Formensprache frühklassizistischer Architektur der Zeit um 1800 orientiert. Andererseits flossen Anregungen aus der modernen Architekturdebatte in seinen Entwurf ein, wie etwa die Wahl des monumental wirkenden Baukörpers, die eigene Ausprägung jeder Fassade.

Schließlich ist auch die Haltung, die sich in der Ausstattung ausdrückt, diesem zeittypischen Eklektizismus verpflichtet. Der ganz funktional gedachte Grundriss nimmt Impulse des Werkbunds und der am englischen Landhaus orientierten Villenbauten von Hermann Muthesius auf.

Die bemerkenswerte Ausstattung der „öffentlichen" Räume des Hochparterres verbindet in ihrem durchgehend hohen Gestaltungsanspruch Wohnqualität und repräsentative Wirkung. Hier orientierte man sich durchaus noch an dem dunklen schweren Mobiliar des Historismus, doch sind die Detailformen ganz zeitgemäß. Diese Ausstattung bildet in vielen Räumen einen reizvollen Kontrast zum zurückhaltenden Deckenstuck.

Das Herrenhaus stellt damit ein beredtes Dokument großbürgerlicher Wohnkultur zu Beginn des 20. Jahrhunderts dar. Es handelt sich um einen Bau, mit dem sich der Bauherr nicht zuletzt seines gesellschaftlichen Ranges vergewisserte und diesen nachdrücklich zum Ausdruck brachte."

Mit diesem Fazit aus der Begründung durch die Denkmalschutzbehörde möchte ich mein „Porträt eines privaten Herrenhauses" beschließen.

Quellenverzeichnis und Literaturhinweise:

Diese Publikation beruht in weiten Teilen auf dem Gutachten des Brandenburgischen Landesamtes für Denkmalpflege und Archäologischen Landesmuseum in seiner Abteilung Denkmalpflege aus dem Jahre 2015. Von dort wurde mir auch diverses Kartenmaterial zur Verfügung gestellt.

Bei meinen Recherchen im Brandenburgischen Landeshauptarchiv in Potsdam habe ich Unterlagen über das Rittergut Altgolßen einsehen können und als Datei bestellt. Für die Fotos auf den Seiten 17,18,19,20,28 liegen die Rechte beim blha.

Informationen über die Altgolßener Dorfkirche verdanke ich u.a. dieser Internet-Quelle:

http://www.altekirchen.de/Archiv/Altgolssen.htm

Über die Tafelbilder der Eheleute von Stutterheim, ehemals in der Altgolßener Dorfkirche:

http://ns.gis-bldam-brandenburg.de/HTML-8336/GolssenLDSKirche.pdf.html

Zwei Bücher über Golßen haben mir Hintergrundinformationen zur Geschichte von Golßen und Altgolßen geliefert:

Lars Rose / Michael Bock: Golßen in historischen Ansichten, Geiger-Verlag, Horb am Neckar, 2001

Michael Bock: Golssen. Aus der Reihe „Schlösser und Gärten der Mark", Hg. vom Freundeskreis Schlösser und Gärten der Mark in der deutschen Gesellschaft e.V. ISBN: 978-3-941675-62-9

Über den Weinanbau in: Jahrbuch für brandenburgische Geschichte, 2011

Über die Besitzer von Rittergut Altgolßen: Institut für Deutsche Adelsforschung: http://home.foni.net/~adelsforschung1/sitz01.htm

Weitere Literatur:

Gallus und Neumann: Beiträge zur Geschichts- und Alterthumskunde der Nieder-Lausitz, Gotsch 1835

Allgemeines für die Geschichte des Preußischen Staates, Zehnter Band, Berlin, Posen und Bromberg, 1833

Territorial-Geschichte der Nieder-Lausitz, Erl. 67 Luckauer Kreis – Ritterschaftl. Besitzungen. Seiten 642-643

© *Ilka Scheidgen*

Ilka Scheidgen hat sich als Schriftstellerin und Publizistin in vielfacher Weise einen Namen gemacht.

Neben eigenen literarischen Arbeiten wie Romanen, Gedichten und Erzählungen stellen Porträts ein wichtiges Arbeitsgebiet der Autorin dar.

Über Hilde Domin (1909-2016) und Gabriele Wohmann (1932-2012) hat Ilka Scheidgen die einzigen autorisierten Biografien veröffentlicht.

Zuletzt erschienen von ihr in der Reihe „Zu Besuch bei" fünf Bände mit Doppel-Porträts, ein Porträtband über Martin Walser „Der weise Mann vom Bodensee" sowie über die Schmuckkünstlerin Hilde Risch aus Halle.

Dieses Buch stellt das erste Porträt über ein Gebäude dar.

2002 wurde sie für ihr literarisches Werk mit dem Kulturpreis des Kreises Euskirchen ausgezeichnet.

Homepage der Autorin: www.ilka-scheidgen.de

www.ingramcontent.com/pod-product-compliance
Lightning Source LLC
Chambersburg PA
CBHW081946230426
43669CB00019B/2944